BILINGUAL ALPHABET

Portuguese-English

PAGES FOR COLORING, COLLAGE, OR SENSORY WORK

Multicultural KIDS

mama is HERE

www.mamaishere.com

"We must find time to stop and thank the people who make a difference in our lives."
- John F. Kennedy

So, I would like to say:

Hi! I used to be a nanny when I was a teenager, then a tutor and a teacher (at the same time I got my Bachelor's Degree in Design) . Nowadays, I am a designer and a mom - or how I like to call it: mama). This is how "Mama Is Here" was born!

I hope I am making a difference in your children's lives and thank you for making one in mine!

follow me to check daily activities you can do with your little one!

Text and illustration © Copyright 2022 Writerverse Journey
Book Design by Kelle Lima a.k.a. Mama Is Here

ISBN: 979-8-9857051-2-6

Published in 2022 by Writerverse Journey LLC, in Salt Lake City, UT, USA. All rights reserved. No part of this book may be reproduced or used in any manner without written permission of the copyright owner. For more information email 'writerversejourney@gmail.com'

Dear Teachers & Parents,

It is recommended that you are an active part of the learning process: help the child learn, read with them, praise their improvement, etc. Also avoid long sessions and try working on lessons when the kid is not feeling tired.

I hope I'm providing your kid the ability to learn new words in both Brazilian Portuguese & English! Try to vary between coloring, making collages, doing sensory work, etc. Your imagination is the limit!

Thank you again and have fun! Please consider leaving a positive review !

⭐⭐⭐⭐⭐

 bit.ly/Mamaishere

Other books you'll love:
amazon.com/author/kellelima

>

Scan this code with your phone!

Avião, também chamado "aeronave", na verdade é mais pesado que o ar! Mas ele consegue voar porque os motores o levantam e empurram, enquanto as asas ajudam a manter o equilíbrio.

Airplane, also called "plane", is actually heavier than air! But it can fly because its engines lift and push it while its wings help keep balance.

AVIÃO
AIRPLANE

Bicicletas foram inventadas a partir de uma máquina conhecida como "draisine", uma carruagem sem cavalos inventada por Karl von Drais em 1817.

Bicycles were invented from a machine know as "draisine", a horseless carriage invented by Karl von Drais in 1817.

BICICLETA
BICYCLE

Coroas são usadas apenas durante as coroações ou alguns eventos especiais, não diariamente como é mostrado em alguns filmes ou desenhos animados...

Crowns are worn only during coronations or some special events, not in a daily basis as it is shown in some movies or cartoons...

Dinossauros foram extintos quando um asteróide atingiu a Terra há cerca de 66 milhões de anos atrás.

Dinosaurs became extinct when an asteroid hit Earth about 66 million years ago.

DINOSSAURO

DINOSAUR

Elefantes também podem se comunicar por meio de sinais sísmicos (vibrações do solo) e sons que ouvidos humanos não conseguem escutar!

Elephants can also communicate through seismic signals (ground vibrations) as well as sounds that human ears can't hear!

Flamingos voam! Mas eles adoram ficar (e até dormir)
em uma perna só...

Flamingos do fly! But they do love to stand (and even
sleep) in one leg...

FLAMINGO
FLAMINGO

Gorilas possuem impressões nasais tão especiais quanto as impressões digitais são para os humanos: únicas para cada um deles!

Gorilla noseprints are as special to them as fingerprints are for humans: they are unique to each one of them!

GORILA
GORILLA

Helicópteros são conhecidos por serem usados para busca e salvamento, mas também são frequentemente usados para turismo, transporte médico, combate a incêndios, fotografia, atividade militar e muitas outras coisas.

Helicopters are known to be used for search & rescue but they are also often used for tourism, medical transport, fighting fires, photography, military activity, and many other things.

HELICÓPTERO
HELICOPTER

Ilhas em grupos são chamadas de arquipélago. A Indonésia é o maior arquipélago do mundo.

Islands when grouped are called an archipelago. Indonesia is the largest archipelago in the world.

ILHA
ISLAND

Jarras já foram feitas de metal, cerâmica, argila, vidro e plástico ao longo dos anos. Em alguns países, jarras podem ser usadas para fazer música!

Jugs have been made out of metal, ceramic, clay, glass, and plastic throughout the years. In some countries, jugs can be used to make music!

JARRA
JUG

Kiwi é uma fruta (e também o nome de um pássaro!) rica em vitamina C, vitamina K, potássio e fibras: nutrientes importantes para o corpo humano.

Kiwi is a fruit (and also the name of a bird!) that's rich in vitamin C, vitamin K, potassium, and fiber: important nutrients to the human's body.

Leões são carnívoros, isso que significa que sua dieta consiste de carne (outros animais) e não de plantas.

Lions are carnivores, which means their diet consists of meat (other animals) and not plants.

Leão
Lion

Montanhas são quaisquer massas de terra que se elevam mil pés (304,8 metros) acima de sua área ao seu redor.

Mountains are any land masses that rise a thousand feet (304.8 meters) above its surrounding area.

MONTANHA
MOUNTAIN

Ninhos podem ser feitos de galhos, grama, folhas, pelos, penas, lama e até fezes (sim, cocô)!

Nests can be composed of twigs, grass, leaves, fur, feathers, mud, and even fecal matter (yes, poop)!

NINHO
NEST

Orcas são baleias: respiram como os humanos, mas usam as narinas (chamadas espiráculos) localizadas no topo da cabeça. No entanto, elas podem passar muito tempo debaixo d'água!

Orcas are whales: they breathe like humans, but they use their nostrils (called blowholes) located on the top of their heads. However, they can spend a lot of time underwater!

ORCA
ORCA

Pinguins passam cerca de metade de suas vidas em terra e o resto nadando na água. Os nadadores mais rápidos são da espécie Gentoo Penguin.

Penguins spend about half of their lives on land and the other half swimming in the water. The fastest swimmers are from the Gentoo Penguin species.

Quiche é um prato feito com uma massa recheada com ovos, leite, queijo, carne, frutos do mar ou legumes e pode ser servido quente ou frio.

Quiche is a dish made out of a pastry crust filled with eggs, milk, cheese, meat, seafood, or vegetables and it can be served either hot or cold.

Quiche
Quiche

Ratos possuem dentes que nunca param de crescer! Geralmente eles mordem madeira para mantê-los curtos e afiados.

Rats have teeth that never stop growing! They usually chew on wood to keep them short and sharp.

A luz do **Sol** atinge a Terra em oito minutos, isto é conhecido como a velocidade da luz: 299.792.458 metros (983.571.056 pés) por segundo. Isso é o que eu chamo de rápido!

(The) **Sun**'s light reaches the Earth in eight minutes, this is known as the speed of light: 299,792,458 meters (983,571,056 feet) per second. That's what I call fast!!

Triângulos podem ser classificados por seus lados (equilátero, isósceles ou escaleno) ou por seus ângulos (direito, obtuso e agudo). Mas se você somar os três ângulos internos, todos os triângulos têm um total de 180 graus.

Triangles can be described by their sides (equilateral, isosceles, or scalene) or by their angles (right, obtuse, and acute). But if you sum up the three inner angles, all triangles have a 180 degrees total.

TRIÂNGULO
TRIANGLE

O **unicórnio** é o animal nacional oficial da Escócia.

Unicorn is the official national animal of Scottland.

Unicórnio
Unicorn

Violinos existem em vários tamanhos: geralmente as crianças pequenas começam com um tamanho de 1/32 e, eventualmente, crescem para o tamanho final. Você sabia que tocar violino queima cerca de 170 calorias por hora?!

Violins come in different sizes: usually little kids start with a 1/32 size and eventually grow into the full sized one. Did you know that playing the violin burns about 170 calories per hour?!

A maioria dos roteadores **Wi-Fi** suporta até 250 dispositivos ao mesmo tempo (mas isso provavelmente faria a velocidade da sua Internet tão lenta que não carregaria o jogo que você ama nem o filme que quer assistir)!

Most **Wi-Fi** routers support up to 250 devices at once (but that would probably make your Internet speed so slow it would not load the game you love nor the movie you want to watch)!

Xilofone é o instrumento de percussão usado para fazer a cena icônica dos dedos cintilantes de Fred Flintstone e também o barulho dos ossos balançando (por exemplo, um esqueleto caminhando) nos filmes!

Xylophone is the percussion instrument used to make the iconic scene of Fred Flintstone's twinkling toes and also the noise of bones clanking (for example, a skeleton walking) in movies!

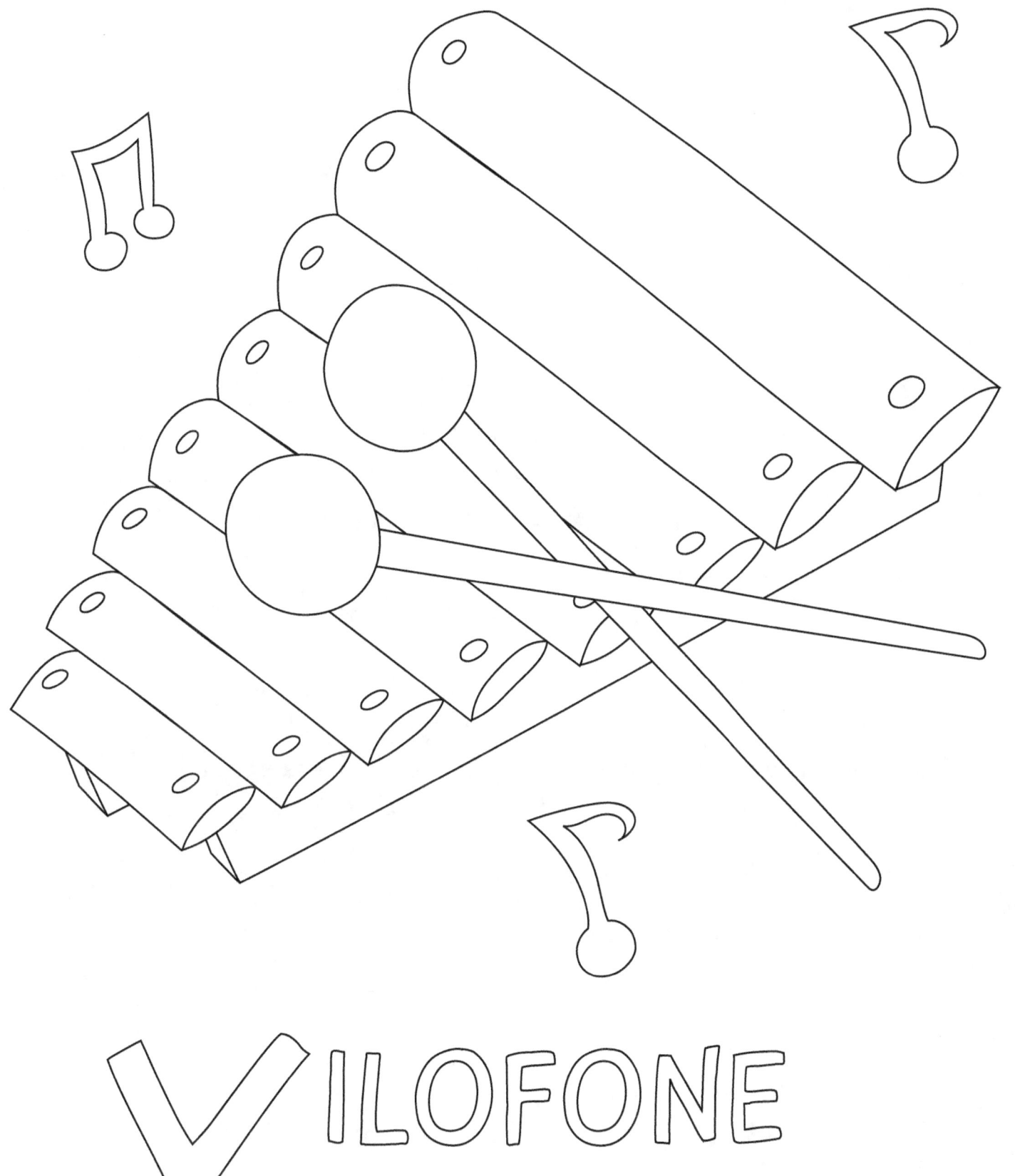

Xilofone
Xylophone

Yakisoba é um prato refogado de macarrão japonês, mas com origem chinesa. Se você precisar de yakisoba no Japão, tente procurar por placas de 焼きそば [jaki-soba]!

Yakisoba is a Japanese noodle stir-fry dish of Chinese origin. If you ever need yakisoba in Japan, try looking for 焼きそば [jaki-soba] signs!

YAKISOBA
YAKISOBA

Zebras são herbívoros (elas comem plantas, não carne) encontrados principalmente na África. Você sabia que as zebras podem dormir em pé?

Zebras are herbivores (they eat plants, not meat) mostly found in Africa. Did you know that zebras can sleep standing up?